Edition BAES

מה לך פה אליהו:

Mit freundlicher Unterstützung der Stadt Innsbruck

INNS'
BRUCK

Zirl: Edition BAES 2018

Umschlagillustration: Julia Kössler
Lektorat: Martina Frötscher
Korrektorat: Katrin Rauch
Layout: Alexander Augustin, Zirl
Herstellung: Books on Demand GmbH, Norderstedt

ISBN: 978-3-9504419-4-9

rebecca heinrich

aus gegebenem anlass

Edition BAES

aus gegebenem anlass

sie haben die sprachrohre, die stahlkappen,
die stacheldrähte
wir haben nichts, außer dem herz

sie haben die sprachrohre, die sprechchöre,
die sturmgewehre
wir haben nichts, außer dem herz

und vielleicht täte ihnen
das auch gut

blast yourself

du starrst auf den teller vor dir
und streichst dir den letzten rest butter aufs brot
und starrst auf den neuen kaktus im wohnzimmer.
denn den hast du gekauft.
der ist jetzt neu.
das hast du getan –
getan?

du starrst auf die gardinen vor dir
und streichst sie beiseite
und streichst sie wieder zurück.
denn die hast du gekauft.
die sind jetzt neu.
das hast du getan –
getan?

du ziehst deine kreise
und beobachtest die raben.
du isst von einer speise,
die dir nie bekam.
du tauschst blicke mit den fragen,
die niemand vernahm.
vernahm deine brust jemals ein feuer
oder wurde es stets gleich unwirksam?

aber
lässt sich ein vogel denn von seinem platz am himmel
verdrängen?
lässt ein wolf die benötigte beute denn noch aus seinen
fängen?
was für einen anderen wunsch als freiheit hat denn ein
hund im zwinger?
und wieso stemmt ein affe wohl gegen die gitterstäbe
die finger?
es ist doch nur logisch, dass links liegen gelassenes in
wirklichkeit
noch immer in form dieser sirrenden stimme steht
bereit.

und sie flüstert dir zu in karmesinroten,
benzindurchtränkten goldlettern:
du willst doch zersprengen und explodieren.
so blast yourself,
blast yourself.

du liest in einem lyrikband die verse:
denn es war nie aus der luft gegriffen,
nur wie luft behandelt worden.
und es stimmt, denn
die andeutungen und halbsätze
sind für dich zum alltag geworden.
dieses:
nein, eigentlich geht's mir nicht gut.
hast du es denn wie luft behandelt?

dieses:
nein, ich habe gar nichts gesagt.
hast du es denn wie luft behandelt?
dieses:
nein, es war nichts wichtiges.
nichts wichtiges.
aber:
du willst doch zersprengen und explodieren.
so blast yourself,
blast yourself.

und du würdest so gerne explodieren
und du würdest so gerne schreien,
denn was hast du getan, außer dir gardinen gekauft
und ein brot mit dem letzten rest butter gestrichen?
hast du das getan?
was hast du getan?
getan?

du würdest so gerne rausgehen, aufregen, dich auflehnen und das aussprechen, was die wahrheit ist, weil es die wahrheit ist, auch wenn sie wie luft behandelt wird, ist sie nicht aus der luft gegriffen. also hebe deine träume aus dem grund dieser gosse, in die sie die anderen befördert haben. geh deinen weg, den sie dir zuzuschütten versucht haben, mit granitblöcken, an denen du dir die zähne auszubeißen scheinst, aber eigentlich hast du doch nicht wirklich einen verloren, eigentlich hast du ja nicht wirklich was verloren und ja, ich weiß, dass man narben davonträgt und ja, ich weiß,

dass man zwischenzeitlich nachts nicht gut schläft und
ja, ich weiß, dass man von gewissen geschichten spuren
behält, aber ist es nicht das, was unter für sich
einstehen fällt?

und dafür muss man manchmal gardinen abreißen
und anderes tun, als sich butterbrote mit dem letzten
rest butter zu schmieren.
verlieren
kannst du doch dabei eigentlich nie
und da vernimmst du wieder die rote melodie:
du willst doch zersprengen und explodieren.
so blast yourself,
blast yourself
in all colours of releasing red:
fuchsia, crimson, purple, magenta.
the world is aflamed, my body is
ablazed. I am blasted, red blasted.
denn es war nie aus der luft gegriffen,
nur wie luft behandelt worden.

und verlieren
kann ich dabei eigentlich nie.
außer das gefühl,
nie meine vorhaben vorgebracht zu haben,
nie auf die blicke der fragen geantwortet zu haben,
nie explodiert zu sein, nie zersprengt zu haben,
nur die augen von mir selbst abgewandt zu haben.
und mit dem letzten rest butter am brot,
auf neue gardinen gestarrt zu haben.

so blast yourself,
blast yourself.

and i'll let nobody tell me
to remain silent.

ich habe mich gestern verliebt

ich habe mich gestern verliebt.
in die frau, die ihre hände ineinanderlegte,
genauso wie du es getan hast.
fast ein wenig nervös,
als ob du in dir hältst,
was eigentlich in dir steckt.
aber trotzdem hast du gelacht,
hinter deinen locken,
die bestimmt schon so sind,
wenn du aus der dusche kommst.
und wenn du gelacht hast,
da warst du schön.
da habe ich auch gelacht, weil du eine bist,
die gar nicht weiß, dass alles um sie mitlacht.
du siehst aus wie eine, die katharina heißt.
wie eine, die dich an der schulter berührt,
ohne dass sie es merkt.
wie eine, die dich ansieht
und nicht weiß, wie sie dich ansieht.
katharina, du siehst aus wie eine,
die romanistik studiert,
und zwar auf bachelor,
weil dich das fach an sich ja wirklich interessiert,
was ich deinen lachfalten auch wirklich glaube
und wir könnten uns über grammatik unterhalten,
weil wir uns am anfang
wahrscheinlich nichts anderes zu sagen hätten.

das wäre nur der anfang, aber dann
standst du von deinem sitz auf und gingst
und ich habe dich nie kennengelernt.

und ich steige in den bus, rempel gesichter an, stoße
mich an blicken.
so viele berühren mich, ohne dass ich sie berühre
und doch spinnt sich in meinem kopf die welt einer idee,
eine fiktive, aber mögliche
und so gern würde ich auch dich berühren.

ich habe mich gestern verliebt.
in deine sitzposition beim bücherlesen,
weil ich mir vorstelle wie wir zusammen
in derselben position bücher lesen.
und du eine bist, die die stirn dabei runzelt,
die dabei aussieht,
als würde sie immer nur offene enden lesen,
als würde sie nie ihre antworten finden
und du bist schön
und ich will sie dir geben,
auch wenn ich selbst keine habe.
du siehst aus wie eine,
die meine lieblingsbücher liest
und wie eine, mit der ich nicht darüber reden muss,
sondern die ich nur ansehe und sage:
„mh, die jelinek schreibt schon gut oder?"
„ja, voll."
– und dadurch ist doch wirklich alles gesagt, oder?

du bist eine, die meine welten kennt, glaube ich,
und über ihre eigenen die decken ziehen will.
du siehst aus wie eine,
die nachts heimlich den mond ansieht
und in der wg am küchentisch die katze streichelt.
du siehst aus wie eine,
die magdalena, also lena, heißt
und nicht nur, weil dich deine wg so nennt.
ich glaube, ich bin ein bisschen wie du, lena
und das würde ich dir gern sagen,
aber dann fiel die tür hinter mir ins schloss
und ich habe dich nie kennengelernt.

und ich steige in den bus, rempel gesichter an, stoße
mich an blicken.
so viele berühren mich, ohne dass ich sie berühre
und doch spinnt sich in meinem kopf die welt einer idee,
eine fiktive, aber mögliche
und so gern würde ich auch dich berühren.

ich habe mich gestern verliebt.
in einen mann, der meist nur in gruppen unterwegs ist,
derjenige, der nur mitlacht, dann aber richtig laut,
manchmal zu laut und wenn es ihm auffällt,
dann sieht er weg, so als ob er es gar nicht gemerkt hätte.
er sieht aus wie ein martin und du martin, du bist schön,
weil es dir immer wieder passiert, dass du grenzen übertrittst.
du bist so einer, der witze erzählt,
die nicht wirklich lustig sind,
aber bei denen man trotzdem lacht.

martin, du siehst aus wie jemand,
der auf spice girls konzerte gehen würde
und ich würde mit dir gehen,
nicht nur weil wir den 90er musikgeschmack teilen.
du würdest immer wieder rufen:
„heute machen wir voll party!"
und ich würd mit dir mitrufen,
weil ich das ohne dich nicht könnte,
weil ich so gerne so wäre wie du, martin,
so momentlebend wie du,
so leichtnehmend wie du,
und dann würdest du mich hochnehmen, martin,
weil du so einer bist, der mich stage diven ließe,
bei friendship never ends, weil du wirklich daran glaubst.
martin, ich glaube du bist einer, der gern in gruppen ist,
weil du wirklich an etwas glaubst
und ich glaube, ich würde das auch,
aber dann schlugst du dein handbuch der psychologie zu
und ich lernte dich nie kennen.

und ich steige in den bus, rempel gesichter an, stoße
mich an blicken.
so viele berühren mich, ohne dass ich sie berühre
und doch spinnt sich in meinem kopf die welt einer idee,
eine fiktive, aber mögliche
und so gern würde ich auch dich berühren.

ich habe mich gestern verliebt.
in den mann, der amüsiert sein bierglas nahm
und mit schaum im bart die lippen zum lächeln verzog.

du könntest anton heißen und siehst aus wie einer,
der auf einen poetry slam mitgeschleppt wurde,
der nicht wusste, was das sein soll
und sich jetzt freut dort zu sein.
in den jungen in der letzten reihe
habe ich mich gestern auch verliebt.
so ein matthias oder franz,
der einfach nur betrunken sein wollte,
aber jetzt darüber nachdenkt
wie kurz das leben eigentlich ist.
das zeigt er nicht,
weil er das runzeln hinter dem bier versteckt,
aber tief drin, da schnippst er auch,
nur mit den augen.
ich habe mich verliebt.
in katharina, magdalena und martin.
in anton und matthias oder franz.

so viele berühren mich, ohne dass ich sie berühre
und so gern würde ich auch dich berühren,
denn ich habe mich verliebt.
in dich, in dich
und auch in dich.

schlafmangel

gestern, da konnte ich nicht schlafen,
weil ich die ganze nacht wachlag,
mit den stimmen im kopf zu viel sprach,
mich im kreis drehte, der wind wehte
und ich draußen nur das mondlicht sah,
das mir die decke unter den füßen wegzog,
obwohl ich doch die nacht nicht belog,
obwohl ich nicht an den fäden zog,
obwohl heute eigentlich nichts weiter geschah.
oder?

es ist nie alles entscheidender kampf,
sondern durchwachte nächte.
ich will doch nur wieder schlafen, aber

gestern, da konnte ich nicht schlafen,
weil dein gesicht mir an jeder halbdunklen wand
entgegensah,
weil die schatten der erinnerungen
wie ratten aus meinen zimmerritzen krochen.
und heute steh ich neben allen schuhen.
die münder bewegen sich wie von selbst.
aber ich hör nicht zu.
die blätter verfärben sich wie von selbst.
aber ich hör nicht zu.
die dinge verstehen sich wie von selbst.
aber ich hör nicht zu.

ich will doch nur die augen schließen,
verschließen, nicht mehr öffnen.

es ist nie alles entscheidender kampf,
sondern durchwachte nächte.
ich will doch nur wieder schlafen, aber

weil meine beine nicht mehr den herbst durchstehen,
meine augen von rotem punkt zu punkt springen,
meine atemzüge nicht im takt des alltags weitergehen
und die takte des alltags unerhört im herbstwind
verklingen,

will ich doch nur wieder schlafen,
denn ich hör dir gar nicht mehr zu.

mein kopf ist ja sogar voll.
mein kopf ist ja sogar leer.
mein herz ist ja sogar müde.
meine augen sind ja sogar geschlossen.
mir ist ja sogar kalt.

ich trink doch gar keinen kaffee, koffein bekommt mir
nicht.
ich trink doch gar keinen wein, alkohol benebelt mich.
ich rauche doch gar keine zigaretten, nikotin wühlt mich
auf.

ich will doch nur wieder schlafen, denn
ich hör dir ja gar nicht mehr zu.

ich will doch nur wieder schlafen.
ich will doch nur wieder schlafen.
ich will doch nur wieder schlafen.

ich will nicht mehr an der türe rütteln, sie ist doch
längst verschlossen.
ich will die bilder nicht mehr suchen, sie sind doch
längst gefunden.
ich will die morgenröte nicht mehr sehen, sie zieht an
meinen decken.
ich will meine bücher nicht mehr sehen, sie sprechen zu
viel wahrheit.
ich will
dein gesicht vergessen,
die erinnerungen verschließen,
die süße des schlafes genießen.

ich will doch nur wieder schlafen, denn
ich hör dir ja gar nicht mehr zu.

ich will doch nur wieder schlafen
und die augen erst öffnen,
wenn die sonnenstrahlen wieder
durch meine schweren decken fallen.

wenn sie wieder durch mich strahlen,
bis sie durch mich strahlen,
bis ich wieder strahle,
ich wieder strahle,
ich strahle.

aber im moment liegt das in der ferne der nacht,
denn ich will doch nur wieder schlafen.
ich hör dir ja gar nicht mehr zu.

so schön, nur ein bisschen anders

ich wäre gerne,
so gerne, so gerne,
ich wäre so gerne ich,
nur ein bisschen anders.

ich wäre so gerne mutig,
denn wenn sie da so sitzt
und ich da so sitze,
dann ist alles schön.
so schön, so schön ist dann alles.
schön, schön, schön ist das,
schön.
und ich lese im kaffeesatz einer hipsterlimonade:
mir fehlt nur dein auch.

so schön, so schön wäre das dann alles.
so schön, so schön, so schön.
wie schön es doch ist,
nur ein bisschen anders.

ich bin deine ikea fußmatte, blauweiß gestreift.
ich bin dein werkzeugkasten mit den passenden teilen.
ich bin dein auffanglanger, deine notunterkunft.
ich bin dein einmalimmonatvollrausch, weil der muss ja
sein.
ich bin dein espresso, dein wodka, dein s-budget-
energy-tee.

ich bin dein noisecancellingkopfhörer in einem bus voller kinder.
ich bin die busfahrt um halb zwei, spät in der nacht.
ich bin nur rückkehr, ich bin niemals die ankunft.
ich bin dein lastminutetrip in die isolation.
ich bin deine insel, dein bunker, dein grammophon.
ich bin deine heimat für den wochenendtrip.
ich bin dein uhuinstantfürbruchstückekleber.

auch wenn ich gar nicht weiß, wer diese vase zerbrach.
auch wenn ich gar nicht weiß, wer die bruchstücke sah.
auch wenn ich gar nicht weiß, woher du die narben hast.

aber ich bin blau, ich bin dein blau, ich bin so blau.
es ist so schön, dieses blau.
schön, schön, schön ist das,
wie du da so sitzt auf dem siebziger-jahre schaukelstuhl
und die zehen unter deinem schenkel.
so schön.
mir fehlt nur dein auch.

denn unter deinen favoriten bin ich dein zweiter kontakt.
und bevor ich von dem fensterbrett in deine narben fließe
und mich dein schläfriger blick
in springende karomuster taucht,
während der regen an meinen lungen pocht
und deine hände an meiner kindheit streichen,
sei du mir meine ungebändigte lebendigkeit,
die auflösung aller ordnung
und ich dir deine letzte zutat.

ich wäre gerne,
so gerne, so gerne,
ich wäre so gerne ich,
nur ein bisschen anders.

ich wäre zum beispiel gerne mutig.
ich würde so gerne etwas sagen. ich würde es gerne aus-sprechen, ich würde mich gerne aus-sprechen, nicht mit-sprechen, sondern den nagel auf den kopf treffen. es ging doch nie um das jammern über die situation. ich will meine zunge kühlen, das blau ist doch eigentlich eine kalte farbe.

aber, eins, ganz pathetisch betrachtet:
das muttermal links am hals, der schläfrige blick, das farfallekochen, die katze, die katzenartige laune, die erzählenden narben, die narbigen erzählungen mit seemannsbart, die art mir namen von neugeborenen aus dem innsbrucker stadtblatt vorzulesen.

aber, zwei, ganz nüchtern betrachtet:
ich kann das orangefarbene licht der schatten des dunkels meiner nebel nicht erkennen, die schlieren in meinem bauchnabel hinterlassen, der sich quer zieht durch kurzatmigkeit und beständiges betteln nach und dies ständige flehen nach gewürzen, für mich ungenießbar, aber nicht für den weißen raben am himmel, der niederkniet vor den stücken von aas, die nicht verwesen, sondern sich zu blättern einer chrysantheme zusammensetzen und wenn die toten

auferstehen, dann gehör ich dir, so schön, so schön, so schön und wenn die ziegelsteine auf die dächer fallen und die schindeln auf die kellergewölbe, dann greif ich nach der oberfläche des meeres, das

nicht salzig,
sondern rot schmeckt.
nicht blau ist,
weil ich blau bin.
rotfarbene schreie
in blauer farbe.
blautöne an deinem hals,
pinselstriche an deinen händen.
schön, so schön, so schön.
du, mich, mein verfolgen, es beenden.

ich wäre gerne,
so gerne, so gerne,
ich wäre so gerne ich,
nur ein bisschen anders.
nur ein bisschen mutiger.
nur ein bisschen direkter.
nur ein bisschen weniger pathos
und ein bisschen mehr realität.
nur ein bisschen weniger slam text
und ein bisschen mehr ehrlichkeit.
und dein auch.

aber ich bin auch
bloß dichterin.

reflexionen über den vokalischen lautbestand der deutschen sprache oder: a

die folgende frage starrt mich an, sie lässt mich nicht los, sie zieht mich in ihren bann,
sie zieht und reißt und hängt an mir, sie drängt mit gier,
sie lässt nicht los, sie,
sie ist alles, was in mir noch existiert, sie ist alles, was mich definiert
und sie lautet: frau heinrich, wie nennt man den ungerundeten offenen vorderzungenvokal?

a.
wie in laut.
und laut ist einfach schon
ohne zu schreien
das gegenteil
von stumm.

eins. dreizehn:
sie ist dreizehn und ich sehe ihr zu aus der vogelperspektive, denn das ist die retrospektive. sie ist stumm, sie ist still, sie ist spracharm, sie ist sprachlos, sie ist mundtot gemacht, also ein resultat, weil der charakter, der war ja eigentlich ganz anders, beim
raufen mit den buben im garten, da war sie
räuberbandenführer, als es noch keine

bandenführerinnen gab, da trug sie latzhosen, weil sie sich die kleider zerriss, mit erde an der wange, da war sie laut.

sie ist dreizehn und ich sehe ihr zu aus der vogelperspektive, denn das ist die retrospektive. sie hört die kreide an der tafel brechen und die wörter an ihrem kopf zerbrechen. das gegenteil der gespitzten ohren sind ihre gestumpften sinne. wenn sie die hand ausstreckt, berührt sie bereits das ende ihrer welt, denn über dem tellerrand ragen sätze, die ihre grenzen ganz klar definieren. die öffnung ist es, was ihr in den blicken der anderen unerreichbar scheint.

und dort war sie laut. aber die wörter verhallten in den nächten, den kalten, sie verklangen, in den nächten, den langen.

zwei. siebzehn:
sie ist siebzehn und ich sehe ihr zu aus der vogelperspektive, denn das ist die retrospektive. sie ist stumm, aber sie brodelt, sie ist still, aber sie zittert, sie ist wortkarg, aber sie ist wortgefüllt. sie ist mundtot gemacht, weil ihr das medium entzogen wurde, das material, die ganz grundsätzliche möglichkeit, sie ist mundtot gemacht, aber das resultat von gedankenzensur ist nie irreparabel, weil die worte irgendwann wieder von selbst für sie sprechen.

sie ist siebzehn und ich sehr ihr zu aus der vogelperspektive, denn das ist die retrospektive, eine, in der sich die worte verselbstständigen. was bisher weiß war, ist jetzt blau, aber sie dichtet mehr als nur das blau einer farbe. sie steht auf vor den wörtern, weil sie ihr befehle geben, denen sie folgt, tunnelblickartig, einwändetaub, weil ihr vorbild neben ihr steht, der musiker, der vater und sie beide teilen eine gemeinsamkeit, die die wörter für sie wiederfanden: sie sind laut.

und dort war sie laut – dachte sich besagter vater, weil die taktschläge mit reimen das kinderzimmer zum beben brachten.

drei. zweiundzwanzig:
sie ist zweiundzwanzig und ich seh ihr zu aus der vogelperspektive, denn das ist die retrospektive. sie schrieb über umarmungen, das war der initiationsprozess, das textblattzittern spiegelte sich in jeder schweißperle, aber was sie hörte, war: komm wieder, komm wieder, komm wieder. und sie schrieb, sie reimte, sie rappte, sie zeriss textblätter, sie schrieb wieder neue, denn sie musste wiederkommen, weil die worte wieder riefen und das feuer weiter nährten.

sie ist zweiundzwanzig und ich sehe ihr zu aus der vogelperspektive, denn das ist die retrospektive. sie war die, die und die, die nicht mehr und gar nicht mehr und

schon erst recht nicht, sie war die, die putin und papst verheiraten wollte, sie fragte sich, wer sie sei, nur um dann sich selbst vor mikrofon zu antworten:
sie ist nicht die, die sie zu sein scheint, sondern sie ist jelena jedermann, sie ist auch nicht fremd, sie ist dichterin, denn die haben laut safiye can auch locken auf dem kopf.

sie ist die, die sich zersprengt und explodiert, bis ihre beine nachgeben und die stimme versagt, aber das resultat von gedankenzensur ist nie irreparabel, weil die worte irgendwann wieder von selbst für sie sprechen.

und deshalb ist sie laut – immer noch wie damals, als sie räuberbandenführer war, wo es noch keine bandenführerinnen gegeben hat.

frau heinrich, wie nennt man den ungerundeten offenen vorderzungenvokal?

a.
wie in laut.
und laut ist einfach schon
ohne zu schreien
das gegenteil
von stumm.

wer bin ich?

ich bin die, die so real ist wie eminem, als er noch marshall mathers der 3. hieß. ich stehe für authentizität: so real wie meine brüste, so einzigartig wie mein fingerabdruck, so wahr sind meine texte. sie sind mein reales leben, ich schreibe echte fiktion, ich denke – schreibe, schreibe – denke, schreibdenkedenkschreibe, im prozess und wandel, schreibe erschütterungen in tiefstschwarze tinte um, poetisiert, vielleicht, reflektiert, vielleicht, aber das ist poetry in motion, mit engagement, die einzige art, wie man wörter auf allen ebenen des menschen wiederklingen lassen kann, like j.p. sartre said.

ich bin nicht die, die dem hörsagen auch noch zuhören will. ich halte meine ohren offen für geschichten aus dem wienerwald, gehe dem auf den grund, wenn gesagt wird, es gibt wo keinen platz für idioten, schürfe tiefer, und dann schreibe ich diese texte, weil es so wichtig ist, geschichte zu poetisieren, denn was poetisiert wird, ist universal zugänglich, wird kollektiv gemacht und lässt der imagination ihren lauf.

ich habe in einem sehr klugen buch einmal gelesen: „jeder hat nur eine geschichte, die er erzählen kann. und die erzählt er auf immer verschiedene arten. aber es bleibt immer dieselbe geschichte." und das hat mich geprägt, denn egal was und in welcher form ich schreibe, meine worte werden immer den innigen wunsch seit kindertagen vermitteln von friedlichen schlössern, aber nicht in der luft, sondern hier bei uns auf der erde.

und ich erinnere mich zurück, an den dumpfen aufprall einer schultasche, an die wange herabfließenden speichel, an ein kleines mädchen mit gekrümmtem rücken, an wenn das so weitergeht, dann kann ich nicht mehr, wenn das so weitergeht, dann kann ich nicht mehr, wenn das so weitergeht, dann kann ich nicht mehr, obwohl es dann doch weitergegangen ist, weil es im leben immer auch rückschläge braucht, um sein glück zu begreifen und ich erinnere mich zurück an tabus, die ich in vollem bewusstsein gerne brach und natürlich an dieses unaussprechliche, an dieses teilvonmirgewordenseiende und nur ich kenne es, da es teil meiner einen geschichte ist und darum schreibe ich, weil ich finde, dass unaussprechliche dinge einen namen brauchen – und wie denn sonst, wenn nicht mit stimme, wenn nicht mit sprache, wenn nicht mit worten, mit silben, mit lettern, mit buchstaben, denn das ist die macht der worte, dem einen begriff zu geben, was unbegreifbar, unvorstellbar, unbeschreibbar ist, noch ist, bald nicht mehr ist, bald nicht mehr sein wird und wenn mich das nächste mal einer fragt, was denn nun die aufgabe der literatur sei, dann antworte ich: es ist die umarmung, die man einem kleinen, weinenden, hilflosen mädchen gibt, es sind die tröstenden worte, die man einem kleinen, verletzten, hilflosen jungen gibt, es sind die verständnisgefühle, die man einem kleinen, schreienden, verständnislosen kind gibt.

wer bin ich?
ich bin die, die manchmal danebenzielt, wenn sie pointen wie mit pingpongschlägern auf einem lachmuskel platzieren will. aber dafür bin ich die, die texte schreibt, die ein zuckerstreuselschlagsahnekakao beim nicht endenden tränenstrom sind, die der kuss auf das knie nach dem hinfallen sind, die den rücken gerade aufrichten, wenn er sich wieder krümmt. und das papier kann man auch zum krokodilstränentrocknen verwenden.

ich habe eine geschichte, die mich prägt, eine geschichte, die mich erzählen lässt, eine geschichte, über die ich in vielerlei formen rappe, dichte, schreibe, weil ich der meinung bin, dass uns individualität doch kollektiv verbindet, weil ich diese eine geschichte habe, über alles, was nur für mich aussprechbar ist, so wie jeder die seine hat, die man in blicke, berührungen und wörter fasst, damit sie sprechlich gemacht wird, zu sprache gemacht wird, sprechbar gemacht wird. väter, lasst eure töchter erzählen, mütter, lasst eure söhne erzählen und sei es mit noch gekrümmtem rücken und speichel an der wange.

wenn auch du unaussprechlichkeiten hast, so lass sie zu wort kommen, lass sie zuteil werden, unaussprechliches kann immer zu sprache werden, denn die sprache ist handlung, enthüllung ist verwandlung und wer verhüllt, der verändert, unaussprechliches ist nie starr, ist immer wandelbar, nie in blei gegossen, denn deine stimme ist benzin, deine worte sind der funke, der das gebilde entzündet, bis heißes blei über den boden fließt und nichts mehr übrig ist von dem kloß in deiner stimme, auch wenn der hals noch kratzig ist, auch wenn der hals noch kratzig ist, auch wenn der hals noch kratzig ist. irgendwann fühlt er sich so an, als wäre er nie verstummt.

wer bin ich?
ich bin die, die viele krokodilstränen weinte, die oft aufgeschürfte knie hatte und die viel streuselkakao trank.
wie du auch.

ich bin die, die sich den speichel von der wange wischte, mit dem kuss auf der stirn wieder auf- und dann geradestand.
wie du auch.

ich bin die, die eine geschichte hat.
wie du auch.
und wie geht deine geschichte?

ich bin nicht fremd

dies ist ein modernes drama. regie und inszenierung erfolgen durch mich und euch – auf dieser bühne und in diesem raum. der schauplatz ist in _________[1], in _________[2], um genau zu sein. die figuren sind menschen wie du und ich oder vielleicht auch nicht. das drehbuch besteht aus den erinnerungen dieser menschen oder figuren. es beruht auf wahren geschichten, die jeweils einem einzigen menschen gehören und doch von vielen zusammen geschrieben, gezeichnet, geändert werden.

eins. die sprache ist das einzige, das die menschen zueinander finden lässt, aber auch das einzige, das sie in herz, kopf und geist wirklich voneinander trennt.

einschulungstag. ich bin sieben. ein kleines mädchen mit dunkler hautfarbe. alles ist hier so anders als daheim. ein jahr sind wir jetzt hier. ich verstehe keinen. meine eltern auch nicht. ich bin schüchtern. ich bin nervös. jeder sucht sich einen banknachbarn aus, ich sitze alleine. und zum ersten mal spüre ich so richtig, was ich schon öfters als leisen hauch durch meine eltern gespürt habe. es tut weh, fremd zu sein.

fünf jahre später, eine schule später, bin ich auf dem weg nach hause vom turnunterricht. da bleiben plötzlich

---

1 das land einfügen, in dem man auftritt.

2 die stadt einfügen, in der man auftritt.

drei buben aus meiner parallelklasse stehen und brüllen: „geh wieder dahin zurück, wo du hergekommen bist! geh wieder heim!" und ich bleibe einfach nur stehen und frage mich: gehe ich nicht gerade nach hause? da erinnere ich mich wieder an meinen einschulungstag und frage mich zum ersten mal, wie man heimat eigentlich definiert.

ich bin fremd.
ich bin ausländisch, problematisch, extern, fern.

ich bin fremd.
ich bin auffallend, isoliert und nur bedingt akzeptiert.

ich bin fremd.
ich bin nirgends zu hause und lebe zwischen zwei welten.

ich bin fremd.
und meine geschichte ist eine, die fast jeder hier kennt.

zwei. das erlernen einer sprache ist wie das schmieden eines schlüssels für ein schloss, das einem zugang zu toleranz und akzeptanz verschafft.

ich bin siebzehn, gehe in ein fremdsprachengymnasium und lerne italienisch. ich habe sprachen immer schon geliebt und bin im prinzip mit vier sprachen auch aufgewachsen. ich arbeite nebenher in einem coffeeshop, um mir was dazu zu verdienen, in so einem kleinen, wie es ihn an jedem bahnhof gibt. plötzlich kommt ein mann zu mir und bevor er etwas bestellt, mustert er mich zuerst. den scanblick, den kenne ich schon, das kopftuch, die dunkle haut, die ausländerin, die fremde. warum ich ein kopftuch trage, weiß ich oft selbst nicht so genau. manchmal fühle ich mich aber so unzugehörig, so hin- und hergerissen, dass es für mich meist ein trostspendender halt ist. jedenfalls sieht mich der mann an und sagt zu mir: „du mir geben 2 cappuccino." ich drehe mich zu ihm um, ziehe eine augenbraue hoch und antworte ihm mit dem strahlendsten lächeln: „sehr gerne, der herr. aber, wenn ich sie korrigieren darf, es heißt cappuccini. der richtige italienische plural von cappuccino ist cappuccini." gelernt ist gelernt und ich serviere dem sprachlosen mann seine bestellung.

ich bin fremd.
ich bin ausländisch, problematisch, extern, fern.

ich bin fremd.
ich bin auffallend, isoliert und nur bedingt akzeptiert.

ich bin fremd.
ich bin nirgends zu hause und lebe zwischen zwei welten.

ich bin fremd.
und meine geschichte ist eine, die fast jeder hier kennt.

drei. nach hause zu kommen ist das schönste auf erden, nicht des ortes selbst wegen, sondern wegen der menschen, der erinnerungen und der gefühle, die man mit diesem ort verbindet.

ich bin zwanzig, sitze in einem uni-kurs und kritzle gedanken auf ein blatt papier hin. wie kann ich inländerin und ausländerin zugleich sein? es ist doch nicht wirklich das land, das mich kategorisierte. es war ein mensch, der zu mir sagte: „geh wieder dahin zurück, wo du hergekommen bist." es war ein mensch, der zu mir sagte: „du als ausländerin schaffst es nie an eine uni." es war ein mensch, der zu mir sagte: „du bist fremd."

das ist aber in jedem land so, das ist ja auch bei meiner familie in der türkei so. Und nein ich sage jetzt nicht „bei uns" oder „zu hause", denn beides würde nicht der wahrheit entsprechen. ich komme einmal das jahr als fremde in die fremde, denn ich bin weder hier noch dort typisch, weder hier noch dort normal, weder hier noch dort exakt normgerecht. so sehr ich es auch versuche, ich werde nie passen, es wird denen nie passen und am allerschlimmsten: so wird es mir nie passen.

und zum ersten mal in meinem leben, frage ich mich, ob es die begriffe heimat und fremde, inländerin und ausländerin überhaupt braucht, ob ich sie überhaupt brauche. und da wird es mir endlich klar, wieso erschien es so lange undenkbar, unvorstellbar, unerreichbar? verdammt ist das wunderbar, weil's die fremde und die heimat nicht mehr für mich gibt, denn ich bin dort einheimisch, wo man mich liebt. ja, ich bin dort zu hause, wo mein herz hingehört, wo meine träume leben können und man sie nicht zerstört, bei den menschen, die mich einfach nur als mich sehen.

und zum ersten mal in meinem leben bin ich nicht zerrissen zwischen zwei welten, bin nicht hin- und hergerissen zwischen zwei kulturen und zwei sprachen, sondern vereine alles zusammen in mir. und da finde ich in meinem block die ewigselben alten zeilen und sie kommen mir wie ironie vor und ich setze ein großes nicht hinzu, weil nichts davon übrigbleibt, denn:

ich bin nicht fremd.
ich bin ausländisch, problematisch, extern, fern.

ich bin nicht fremd.
ich bin auffallend, isoliert und nur bedingt akzeptiert.

ich bin nicht fremd.
ich bin nirgends zu hause und lebe zwischen zwei welten.

ich bin nicht fremd.
und meine geschichte ist eine, die fast jeder hier kennt.

Rebecca Heinrich

Foto: Katrin Rauch

(*1995) ist Autorin, Lyrikerin, Slam-Poetin und Schauspielerin in deutscher und französischer Sprache. Studium der Pädagogik, Romanistik und Germanistik an der Universität in Innsbruck und an der Université Aix-Marseille. Literarischer Auftritt seit 2011 in Österreich, Deutschland, Italien, Luxemburg und Frankreich. Gründungsmitglied der Innsbrucker Lesebühne FHK5K. Sie ist Teil des Künstlerinnenkollektivs „dreiundzwanzigminuseins", des Slam-Teams „Keine halbe Beschreibung" und nahm an zahlreichen Meisterschaften teil: 2014, 2015 und 2017 war sie Starterin bei den österreichischen Poetry-Slam-Meisterschaften, 2014 und 2015 Teilnehmerin an den deutschsprachigen U-20-Poetry-Slam-Meisterschaften. 2016 nahm sie an der französischen Poetry-Slam-Nationalmeisterschaft „Slam So What" in Paris als Teil des Slam-Teams „El Ache de Cuba, Marseille" teil. Im selben Jahr war sie Mitglied des französischen Slam-Kollektivs „C. Truqué" und Vertreterin Österreichs beim deutsch-französischen „Slam de Lux" in Luxemburg. 2014 und 2016 Nominierung für den Lyrikpreis des Südtiroler Künstlerbundes („Bozner Autorentage"). 2016 bis 2017 war sie Teil der französischen Theatergruppe „Les Khrabarets". 2017 Sprach-Kunst-Ausstellung „dreiundzwanzigminuseins" im Forum für Kunst und Kommunikation, bei der sie Lyrik als Antwort auf bildende Kunst präsentierte. Veröffentlichungen in Literaturzeitschriften (&radieschen, Cognac & Biskotten) sowie Anthologie (Slam, Oida! 15 Jahre Poetry Slam in Österreich). www.rebecca-heinrich.com

Julia Kössler
(*1994) ist Künstlerin und Grafikerin. Bachelor-Studium der Psychologie und Germanistik an der Universität Innsbruck und Master-Studium der Ökonomie- und Konsumenten-Psychologie an der Universität Leiden in den Niederlanden. An der Seite von Rebecca Heinrich und Martina Frötscher ist sie Teil des Künstlerinnenkollektivs „dreiundzwanzigminuseins". 2017 präsentierte sie im Rahmen der gleichnamigen Ausstellung ihre Werke in Acryl und Bleistiftzeichnungen. https://jkoessler.wixsite.com/julia-koessler-art

Inhalt

Slam & Poetry in der Edition BAES

Christoph Simon

ein pony in Nachbars garten,
ein Rennpferd in meinem

Paperback, 60 Seiten
ISBN: 9783950418675

Amina Abdulkadir

Alles, nichts und beides

Paperback, 60 Seiten
ISBN: 9783950381146

Daniela Dill

Herz Rhythmus Störungen

Paperback, 40 Seiten
ISBN: 9783950323344

Bestellungen: www.bod.de/buchshop

www.edition-baes.com